Fish Hurt Too!

A Fish World filled with Surprises

Around 40 million years ago, for the first time, life was born in the sea. Species originally drawn to the water are still swimming in the deep, wide sea. The sea is wider than the land. The number of different life forms in the sea is absolutely abundant. There are about 2 million varieties of fish, in addition to a lot of other unknown species.

Since a long time ago, we have been relying on fish as an important food source. The fish was always a delicious and nutritional food that didn't require farming or feeding.

Fish also has had a long relationship with humans. We can see them in our lives easily. In the past, locks were in the shape of fish. People had a belief that fish can keep the house well-because fish always keep their eyes open. Also there were a lot of fish decorations. The fish's spawning meant fecundity and happily married life. The fish's shape became good role models for ships submarines and rockets today.

What is happening in the fish world day after day? And what kinds of fish are living in the rivers and seas?

This book explains all about fish. They are so different-their shape,

color, and the way they live : from finger-like anchovies to house sized whale sharks, in addition to poisonous fish, walking fish, luminant fish and even more, shooting fish with electricity!

We have been living with fish since the beginning. Nowadays, the fish's future and environment are changing. Can we live up to the old adage commonly passed down to us throughout the ages of, "there is a lot of fish in the sea?"

Fish's future is Human's future!

In the Text

* I live in the water
* I'm the fish you mean
* Life of fish
* Fish's strategies
* Fish's special weapon
* I'm a fish too
* Fish on the dining table
* Disappearing fish
* Please come back, fish!

풀과바람 환경생각 02

물고기도 아프다!
Fish Hurt Too!

개정1판 1쇄 | 2024년 4월 8일
초판 1쇄 | 2014년 3월 19일

글 | 신정민
그림 | 노기동

펴낸이 | 박현진
펴낸곳 | (주)풀과바람
주소 | 경기도 파주시 회동길 329(서패동, 파주출판도시)
전화 | (031) 955-9655~6
팩스 | (031) 955-9657
출판등록 | 2000년 4월 24일 제20-328호
블로그 | blog.naver.com/grassandwind
이메일 | grassandwind@hanmail.net

편집 | 이영란
디자인 | 박기준
마케팅 | 이승민

ⓒ 글 신정민 · 그림 노기동, 2024

이 책의 출판권은 (주)풀과바람에 있습니다.
저작권법에 의해 보호를 받는 저작물이므로 무단 전재와 복제를 금합니다.

값 14,000원
ISBN 979-11-7147-055-6 73490

※잘못 만들어진 책은 구입처에서 바꾸어 드립니다.

제품명 물고기도 아프다!	**제조자명** (주)풀과바람	**제조국명** 대한민국
전화번호 031)955-9655~6	**주소** 경기도 파주시 회동길 329	
제조년월 2024년 4월 8일	**사용 연령** 8세 이상	

KC마크는 이 제품이 공통안전기준에 적합하였음을 의미합니다.

⚠ **주의**
어린이가 책 모서리에
다치지 않게 주의하세요.

물고기도 아프다!

신정민 글 · 노기동 그림

풀과바람

머리글

놀라움이 가득한 물고기 세상

약 40억 년 전, 바다에서는 처음으로 생명이 탄생했어요. 한없이 넓고 깊고 푸른 그 바닷속에서, 물을 좋아하는 생물들은 지금도 마음껏 헤엄치며 놀고 있어요. 바다는 땅보다 훨씬 더 넓으니까, 그 속에 살고 있는 생물의 숫자도 당연히 더 많지요. 그 많은 생물 중에 물고기는 약 2만 종이나 되고, 아직 알려지지 않은 종도 헤아릴 수 없이 많아요.

그런데 왜 하필 물고기를 '물고기'라 부르는 걸까요? 좀 더 정확하게 말하자면 물고기는 '어류'라고 부르는 게 맞아요. 살아 있는 소에게 '소고기'라고 하면 기분 나빠 하듯이, 어류도 물고기라고 부르면 기분 나쁠 거예요.

그런데도 우리가 보통 어류를 물고기라 부르는 건 까마득한 옛날부터 오직 '먹기 위한' 목적으로만 잡았기 때문이에요. 굳이 농사를 짓거나 애써 먹이를 주며 기르지 않아도 물고기는 언제든지, 얼마든지 잡아 올릴 수 있는 맛 좋고 영양이 풍부한 식량이었지요. 물론 지금은 관상용이나 의료용 등 여러 가지 목적으로 잡거나 기르기도 하지만 말이에요.

이처럼 오랫동안 인류와 관계를 맺다 보니, 물고기는 식탁뿐 아니라 우리 일상생활에서도 쉽게 찾아볼 수 있어요. 옛날엔 자물쇠를 물고기 모양

으로 만들었는데, 그건 물고기가 항상 눈을 뜨고 있어서 집을 잘 지킬 거라는 믿음 때문이었어요. 또 옛 그림이나 가구 등의 장식에도 물고기가 많이 등장해요. 물고기는 알을 많이 낳기 때문에 사이좋은 부부와 풍요로움의 의미가 되었고, 강을 거슬러 올라 용이 되는 전설 속 잉어는 성공의 의미가 되었어요. 물고기의 매끈한 몸매는 오늘날 배와 잠수함, 그리고 우주로 날아가는 로켓을 만드는 데에도 좋은 본보기가 되고 있고요.

　이런 물고기의 세계 속에서는 매일매일 어떤 일이 일어나고 있을까요? 또, 도대체 강과 바다 속에는 어떤 물고기들이 살고 있는 걸까요?

　저마다 사는 곳에 따라 모양도 다르고, 색깔도 다르고, 살아가는 방식도 너무나 개성 만점인 물고기들! 손가락만 한 멸치부터 집채만 한 고래상어까지, 그리고 독 있는 물고기, 걸어 다니는 물고기, 빛을 내는 물고기, 심지어 찌릿찌릿 전기를 내는 물고기까지!

　자, 그럼 이제부터 꾸룩꾸룩 신나고 놀라움이 가득한 물고기의 세계로 들어가 볼까요?

고래글방에서
신정민

차례

1. 물속에서 살아요　　　　08
2. 내가 바로 물고기야　　　22
3. 물고기의 몸속　　　　　32
4. 물고기의 한살이　　　　38
5. 변신하는 물고기　　　　48
6. 세상을 누비는 물고기　　55
7. 물고기들의 생존 전략　　62
8. 물고기들의 아주 특별한 무기　72
9. 나도 물고기야　　　　　81

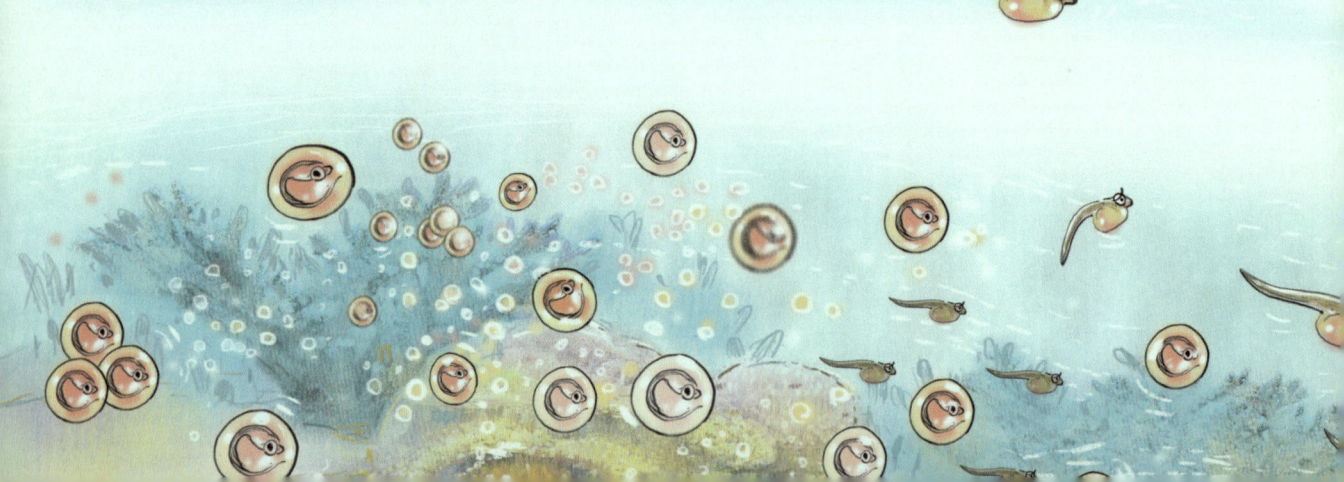

10. 식탁 위의 물고기　　　　**88**

11. 물고기를 잡아요　　　　**98**

12. 사라지는 물고기　　　　**110**

13. 물고기야, 돌아와!　　　　**118**

물고기 관련 상식 퀴즈　　　　**130**

물고기 관련 단어 풀이　　　　**132**

1. 물속에서 살아요

우리가 살고 있는 지구는 바다와 육지로 둘러싸여 있어요. 딱 보기만 해도 바다(약 71%)가 육지(약 29%)보다 훨씬 더 넓은 걸 알 수 있지요. 더구나 깊디깊은 물속까지 다 합치면, 생물이 살 수 있는 공간은 바다가 육지의 250배나 된답니다.

물고기는 이 넓은 바다를 마음껏 누비며 살고 있어요. 마치 하늘을 날듯이 위아래를 오르락내리락하고, 마음만 먹으면 저 먼 북극이랑 남극까지도 왔다 갔다 할 수 있지요.

전 세계 바다는 하나로 이어져 있고, 또 끊임없이 빙빙 돌고 흐르니까요.

물고기란?

하지만 물속에서 헤엄쳐 다닌다고 모두 다 물고기는 아니에요. 물고기는 등뼈가 있고, 아가미로 숨 쉬며, 지느러미를 이용해서 헤엄쳐요. 대구, 참치, 연어, 상어, 멸치 같은 친구들을 보세요.

연어

대구

멸치

모두 몸을 곧게 유지하게 하는 등뼈를 갖고 있고, 귀 쪽에 달린 아가미를 벌렁거리며 숨을 쉬고, 몸의 위·아래·옆·꽁무니에 달린 지느러미를 움직여서 헤엄쳐 다니잖아요. 물론 몽당연필만 한 멸치도 그렇고요.

상어

참치

그와 달리 허파로 숨 쉬는 고래, 등뼈가 없어 온몸이 흐물거리는 문어, 펄럭거리는 지느러미가 없는 게나 바닷가재 따위는 물고기가 아니랍니다. 고래는 사람과 같은 포유류에 속하고, 문어는 몸이 연한 연체동물에 속하며, 게나 바닷가재는 딱딱한 등딱지로 뒤덮인 갑각류에 속하지요.

물고기의 종류

경골어류 : 굳고 단단한 뼈를 지니고 있어요. 어류 중 가장 수가 많아요.

연골어류 : 연한 물렁뼈를 갖고 있어요. 상어, 가오리 등.

무악류 : 제일 먼저 생겨난 어류로, 턱이 없어요. 칠성장어, 장님장어 등.

문어

난 연체동물

대게

바닷속 먹이 사슬

　이처럼 바닷속에는 물고기 말고도 수많은 동물이 있어요. 바다가 육지보다 훨씬 더 넓으니, 그 속에 사는 생물의 숫자도 당연히 더 많지요. 이 많은 생물이 바닷속에서 서로 먹고 먹히며 살고 있어요. 땅 위의 동물 세계처럼 바다 세상에도 먹이 사슬이 있는 거예요.

　물속에는 둥둥 떠다니며 살아가는 아주 작은 생물들이 있는데, 이걸 플랑크톤이라고 해요. 식물플랑크톤은 동물플랑크톤에게 잡아먹히고, 동물플랑크톤은 작은 물고기들의 먹이가 돼요. 또 작은 물고기는 큰 물고기의 먹이가 되고, 큰 물고기는 더 큰 물고기의 먹이가 된답니다.

　하지만 덩치가 크다고 해서 무조건 큰 물고기를 잡아먹는 건 아니에요. 물고기 중에서 제일 덩치 큰 고래상어는 오징어나 갑각류, 플랑크톤 등을 먹고 살거든요.

　큰 물고기는 죽으면 작은 물고기들의 먹이가 되고, 바다 밑바닥에 가라앉은 사체는 게나 새우, 또는 플랑크톤과 박테리아의 양분이 됩니다.

플랑크톤의 종류

식물플랑크톤

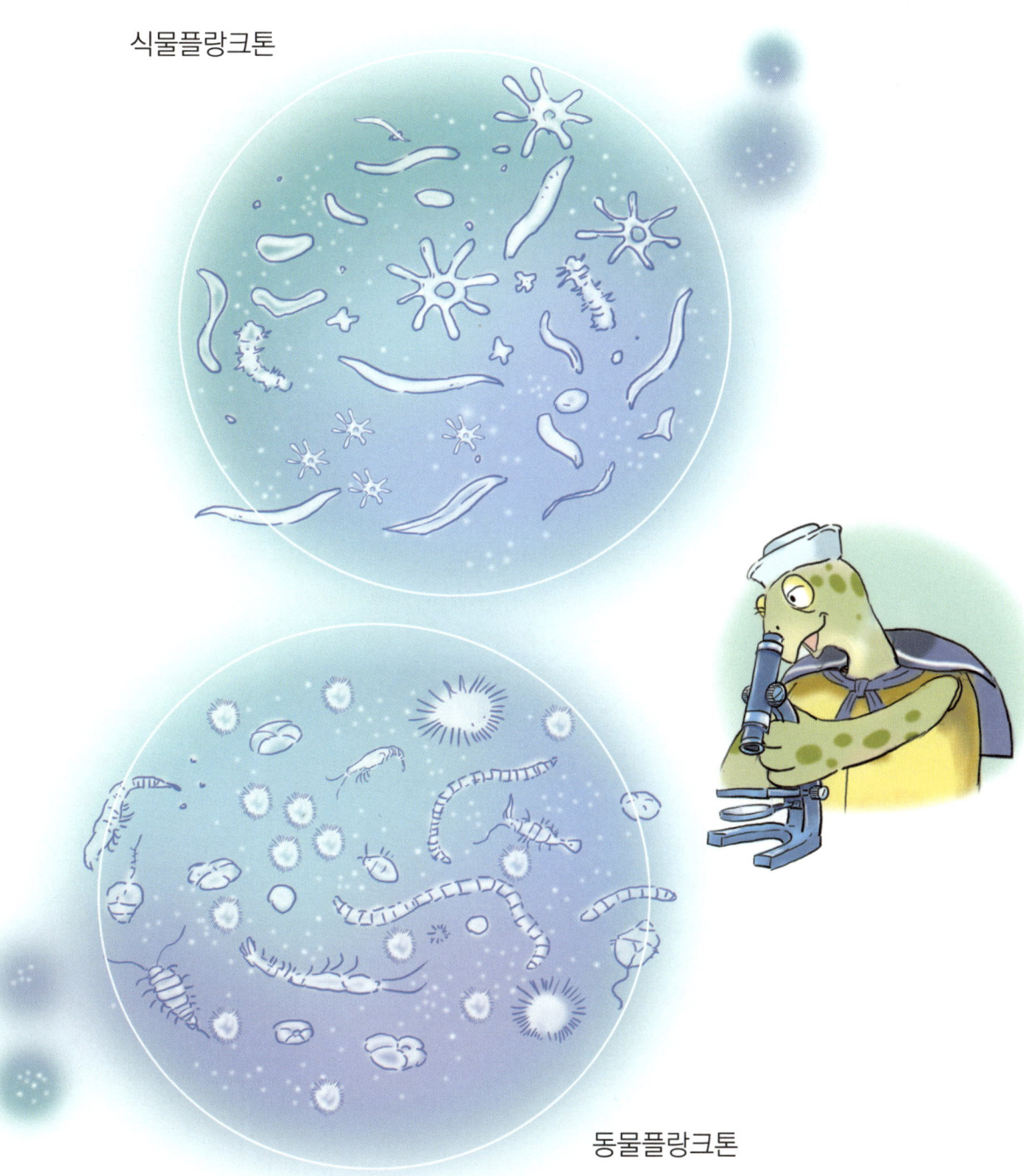

동물플랑크톤

바닷속 생태계(먹이 사슬)

바닷속 생물들

떠다니는 생물

플랑크톤은 스스로 헤엄치는 능력이 없어서 그저 물속을 둥둥 떠다닐 뿐이에요. 덕분에 물고기들은 입을 열어 물을 꿀꺽꿀꺽 삼키기만 해도 플랑크톤을 먹을 수 있지요. 플랑크톤이 없으면 바닷속 물고기들은 살 수 없어요.

저서생물

말미잘이나 굴, 홍합처럼 맘껏 헤엄쳐 다니지 못하는 생물이에요. 미역, 다시마 같은 해초도 여기에 속하지요. 게나 갯지렁이는 바닥에 구멍을 파고 그 속에 쏙 들어가 살아요.

물고기의 특징

1. 물속에서 살아요.
2. 등뼈가 있어요.
3. 비늘이 있어요.
4. 아가미로 숨을 쉬어요.
5. 알로 태어나요.
6. 체온이 변해요(변온 동물).

예외도 있어. 해마나 아귀에겐 비늘이 없어.

망상어와 볼락은 알이 아니라 새끼로 태어나지.

2. 내가 바로 물고기야

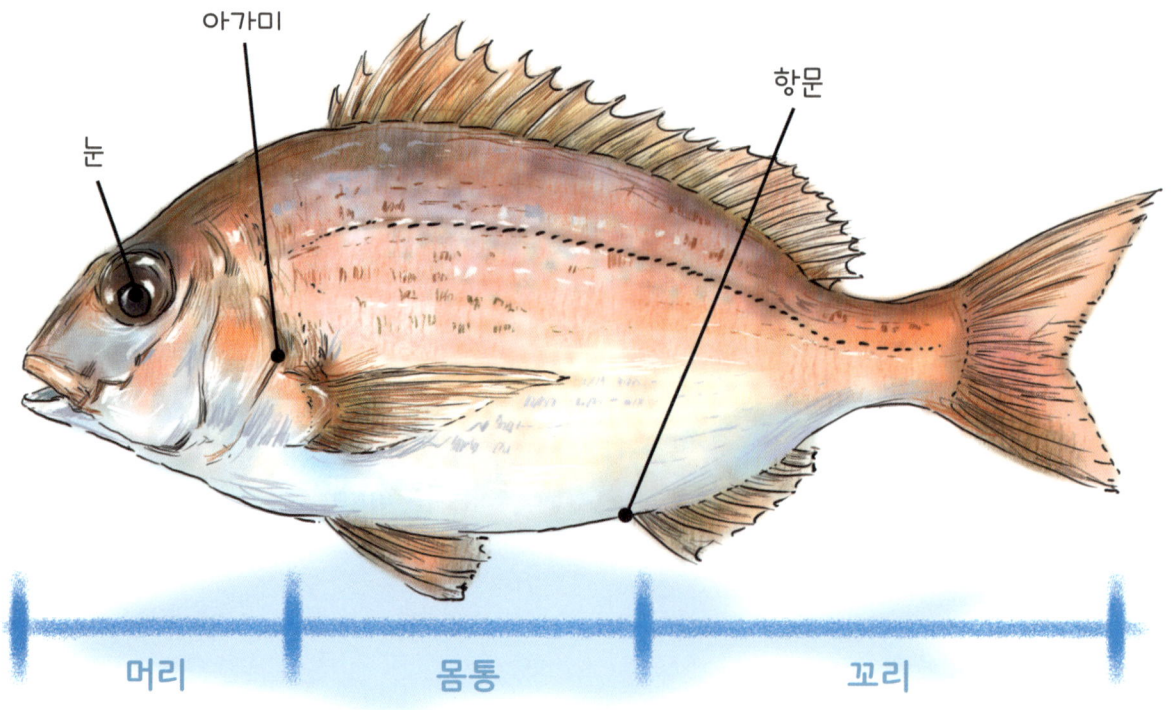

자, 이 물고기는 도미랍니다. 도미 중에서도 맛 좋기로 소문난 참돔인데, 아주 멋지고 빛깔도 아름다워 '바다의 왕자' 또는 '바다의 여왕'이라는 별명을 갖고 있어요. 사람들이 회는 물론 구이, 찜, 탕으로 즐겨 먹습니다. 행운과 복을 불러온다고 하여 잔칫상에도 자주 오르지요.

고등어

그림을 보면 알 수 있듯이, 물고기는 꼭 배나 잠수함처럼 유선형 몸매를 하고 있어요. 앞은 뾰족하고 몸통은 통통하고 꼬리는 잘록하지요. 그래서 물의 저항을 덜 받아 앞으로 잘 나아갈 수 있답니다.

명태

물론 모든 물고기가 다 똑같은 몸매를 하고 있는 건 아니에요. 고등어나 명태는 몸통이 좀 더 가늘고 매끈하고, 넙치나 가오리는 아주 납작한 모양이며, 복어는 꼭 공처럼 통통하지요.

넙치

복어

온몸을 덮은 비늘

물고기의 몸은 비늘로 덮여 있어요. 작고 얇은 손톱 조각 같은 것들이 피부에 촘촘히 박혀 있는 꼴이에요. 그래서 꼭 갑옷 같은데, 실제로도 우리가 입는 옷처럼 몸을 보호하는 역할을 해요.

또 비늘에는 끈적끈적한 물질이 묻어 있어서, 몸 안의 수분이 밖으로 빠져나가지 않게(바닷물고기), 혹은 몸 밖의 물이 몸 안으로 흡수되지 않게(민물고기) 해준답니다.

또 비늘은 물고기가 나이를 먹는 동안 계속해서 천천히 자라나요. 그래서 비늘에 새겨진 주름을 세어 보면 물고기의 나이를 알 수 있어요.

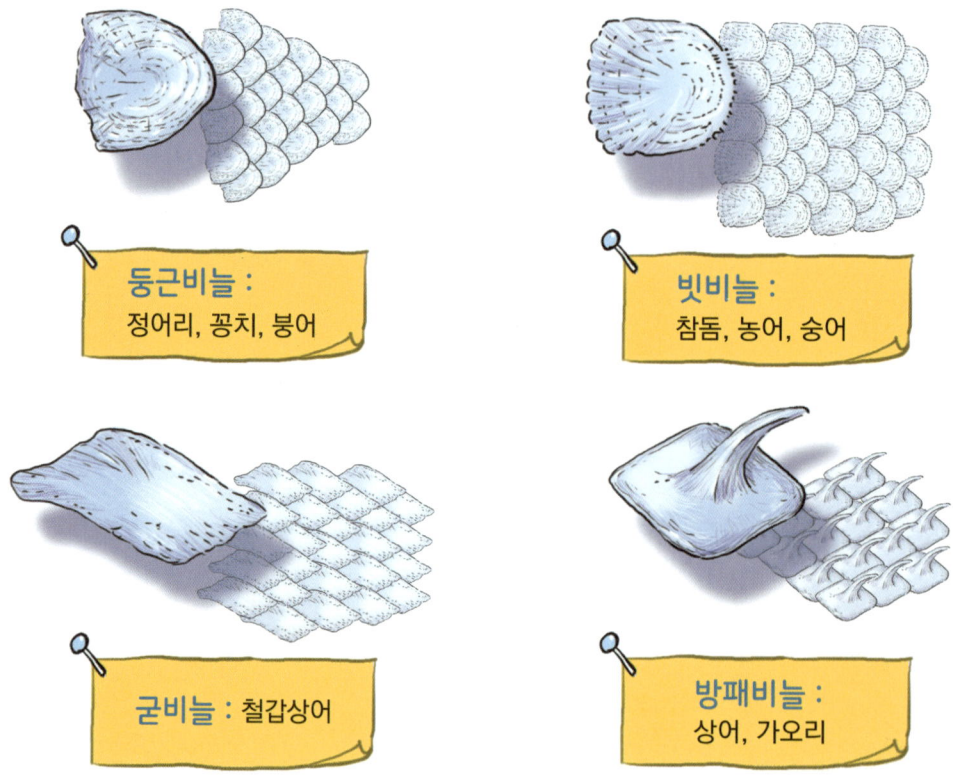

둥근비늘 : 정어리, 꽁치, 붕어

빗비늘 : 참돔, 농어, 숭어

굳비늘 : 철갑상어

방패비늘 : 상어, 가오리

살랑살랑 지느러미

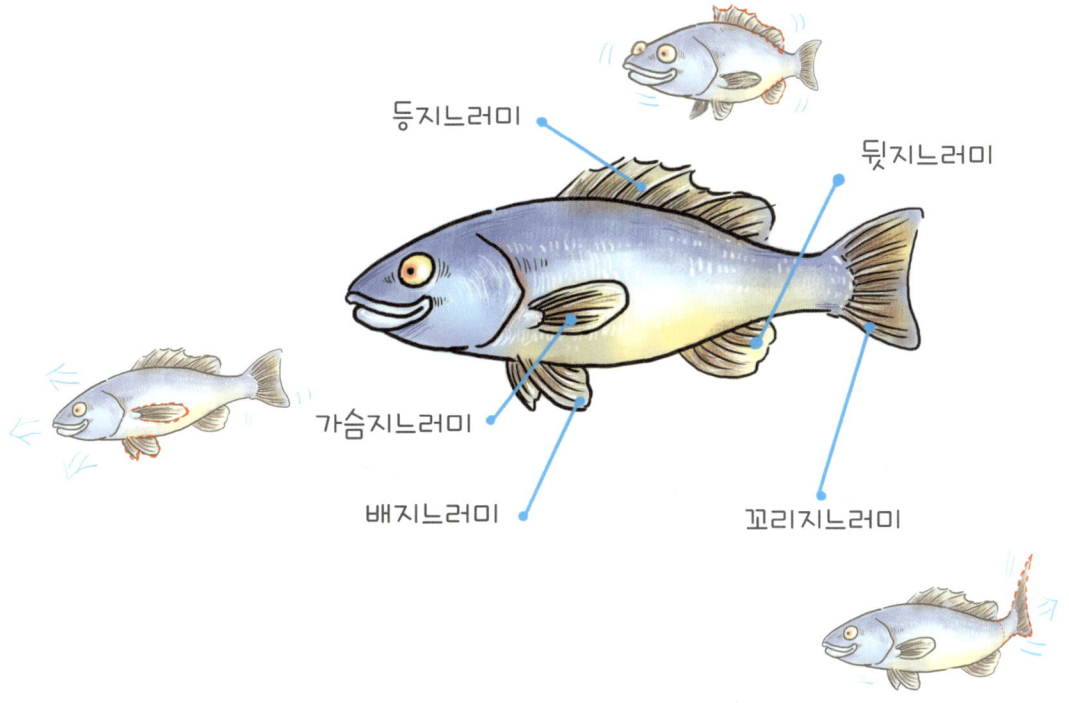

사람에게 팔다리가 있다면 물고기에게는 지느러미가 있어요. 보통 지느러미는 빳빳한 부챗살에 얇은 막이 붙어 있는 모양이지요.

지느러미는 몸통의 어디에 붙어 있느냐에 따라 이름도 다르고 역할도 달라요. 등지느러미와 뒷지느러미는 몸이 어느 한쪽으로 기울지 않도록 중심을 잡아 줘요. 앞으로 나아가거나 방향을 바꿀 때는 팔을 휘젓듯 가슴지느러미와 배지느러미를 움직이고요. 또 꼬리지느러미로 속도를 높인답니다.

대개의 물고기는 등지느러미 2개, 뒷지느러미 1개를 갖고 있지만,

명태와 대구는 등지느러미 3개, 뒷지느러미 2개를 갖고 있어요. 그런가 하면 복어는 배지느러미가 없고, 바다뱀은 꼬리지느러미가 없어요.

여러 가지 모양의 꼬리지느러미

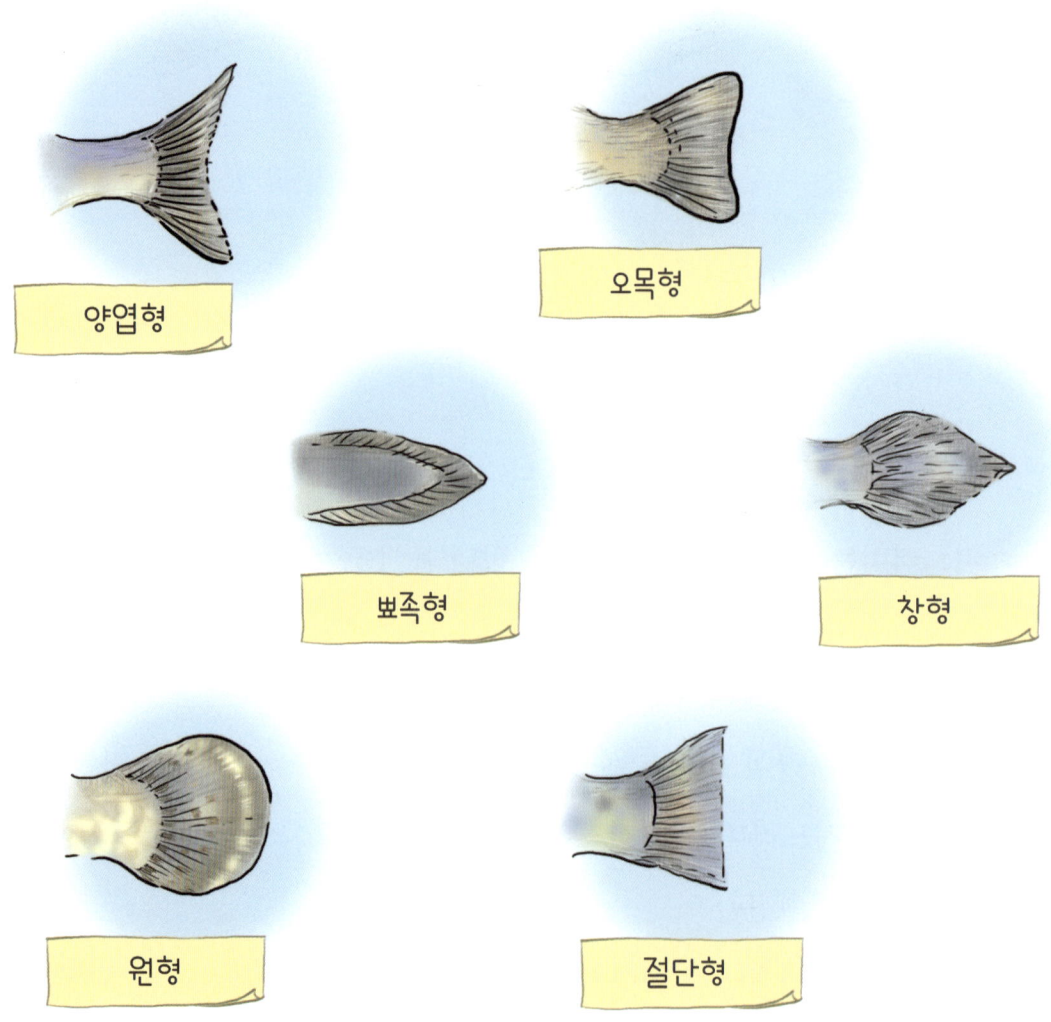

물고기의 감각

물고기 눈의 구조

- 홍채
- 망막
- 각막
- 시신경
- 수정체
- 렌즈근

물고기도 사람처럼 눈으로 앞을 보고, 코로 냄새를 맡고, 입으로 맛을 느끼고, 귀로 소리를 들어요. 다만, 대부분의 물고기는 시력이 썩 좋지 않은 데다 물속이 뿌예서 흐릿하게 볼 뿐이에요. 그래도 눈이 양쪽에 붙어 있거나 볼록 튀어나와서 사람보다 훨씬 더 넓은 영역을 한꺼번에 볼 수 있답니다.

물고기는 냄새를 맡는 데는 타고난 선수들이에요. 특히 상어 같은 친구들은 몇백 미터 밖에서도 귀신같이 피 냄새를 맡고 달려올 정도예요. 메기나 잉어처럼 수염이 있는 물고기들은 바로 그 수염으로 냄새를 맡기도 해요.

또 물은 공기보다 소리를 더 잘 전달하기 때문에, 대개의 물고기는 소리를 아주 잘 듣는답니다. 하지만 물고기의 귀는 몸속에 숨어 있는 속귀라서 겉으로는 잘 보이지 않아요.

물고기 귀의 구조

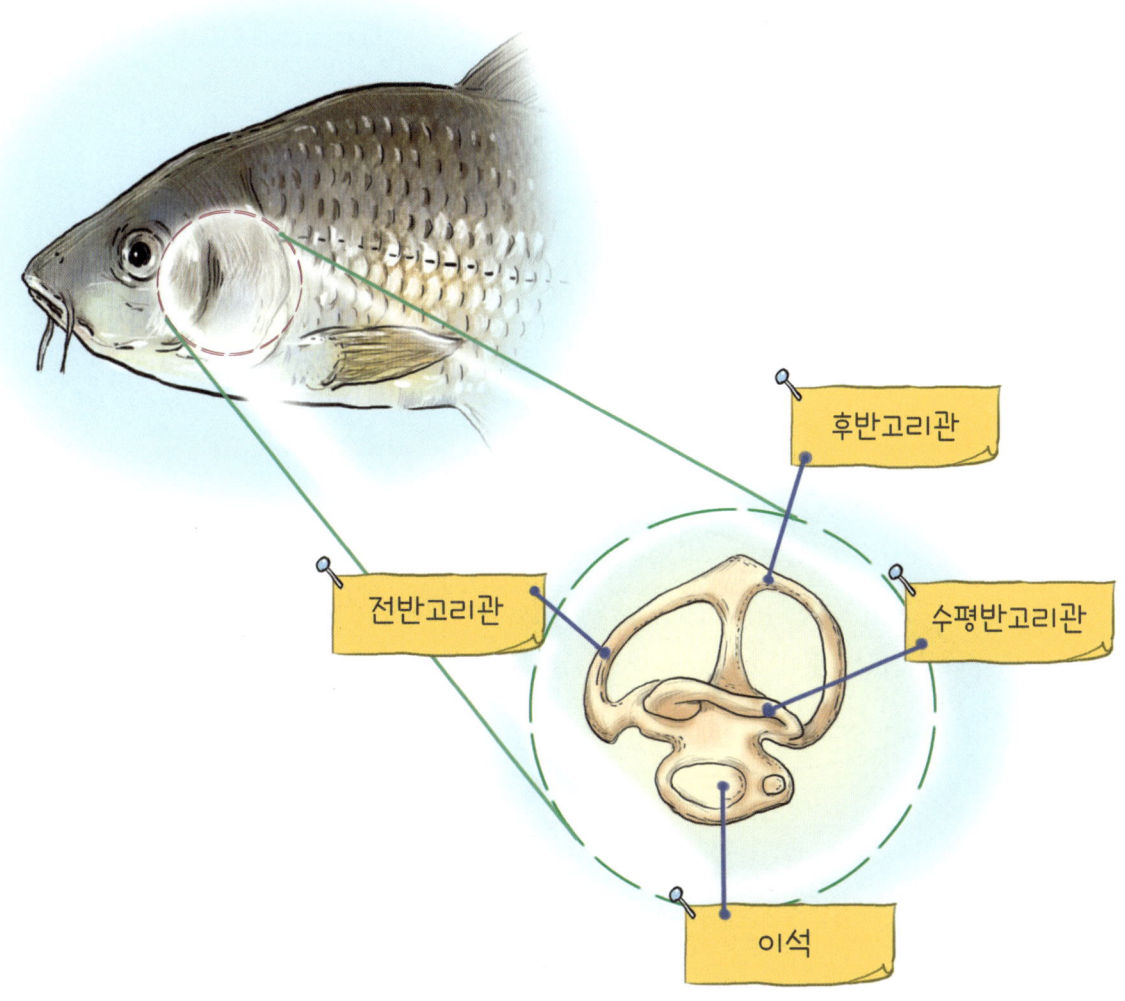

물고기의 비밀 병기, 옆줄

물고기를 가만히 살펴보면 머리에서 꼬리까지 점선이 쭉 이어져 있는 걸 알 수 있어요. 이걸 옆줄이라고 해요. 옆줄에는 하나하나마다 작은 구멍이 있는데 그 속에는 감각 세포와 끈적한 물질이 채워져 있고, 이것은 다시 신경계와 연결된답니다.

잉어

이 옆줄을 이용해서 물고기는 물이 흘러가는 방향과 속도, 물의 온도와 압력, 진동 등을 느끼지요. 떼 지어 다니는 물고기들이 서로 부딪치지 않는 것도 옆줄을 이용해 서로 간격을 조절하기 때문이에요.

3. 물고기의 몸속

자, 이제 물고기의 몸속을 들여다볼까요?

역시 다른 동물들처럼 물고기에게도 심장, 간, 위, 창자, 항문 등 여러 가지 내장이 있어요. 심장은 콩닥콩닥 뛰면서 온몸에 피를 돌게 하고, 위와 창자 등은 몸속에 들어온 음식물을 소화하게 해주지요. 그런데 물 밖에 사는 동물에겐 없는 게 있지요? 바로 아가미와 부레입니다.

물고기의 호흡 기관, 아가미

물고기도 동물이기 때문에 산소를 마셔야 해요. 하지만 물속의 산소는 물에 녹아 있어요. 그래서 물고기는 입으로 물을 마신 다음 아가미 뚜껑을 닫아요. 그러면 아가미 속에 있는 촘촘한 실핏줄로 산소가 스며들어요. 사람의 허파 속에 있는 허파 꽈리처럼 산소만 쏙쏙 흡수한 다음 몸속 곳곳으로 보내는 거예요.

물론 산소를 흡수한 뒤에는 다시 아가미뚜껑을 열어서 필요 없는 물과 이산화탄소를 몸 밖으로 내보내지요. 하지만 물고기 중에는 미꾸라지처럼 아가미뿐 아니라 창자로도 숨을 쉬거나, 폐어처럼 허파로 숨을 쉬는 친구들도 있답니다.

어류의 호흡

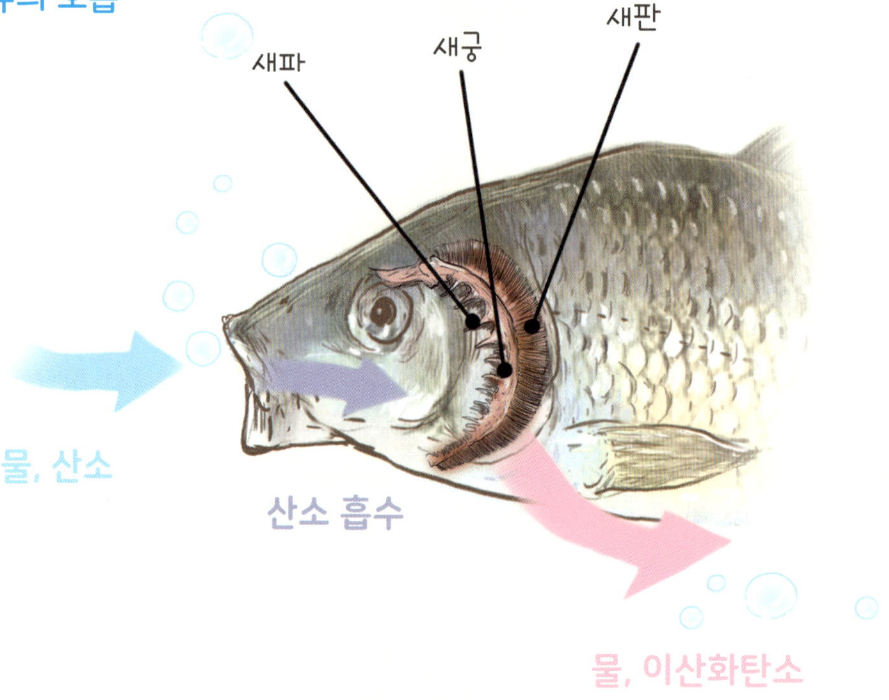

새파, 새궁, 새판

물, 산소 → 산소 흡수 → 물, 이산화탄소

물속에 산소가 부족할 때 입으로 공기를 마시면, 창자에 있는 실핏줄이 산소를 흡수하지.

미꾸라지

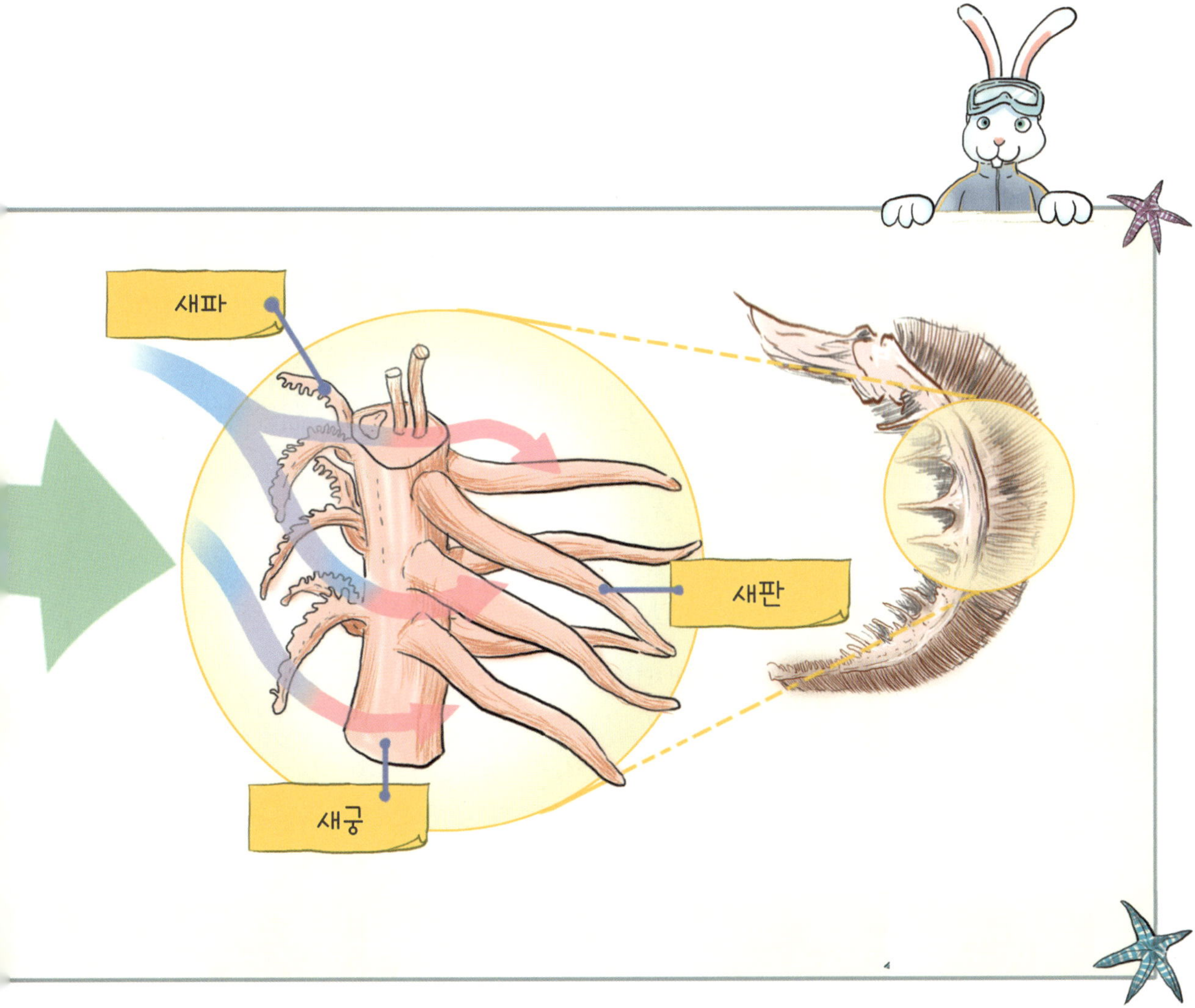

새파

새판

새궁

우리 폐어들은 물속에선 아가미로 호흡하지만, 물이 없는 상황에서는 허파로 호흡해.

폐어

둥둥 뜨고 가라앉는 비밀, 부레

 단단한 뼈를 가진 물고기들(경골어류)의 몸속에는 풍선처럼 생긴 부레가 있어요. 아가미에서 만들어진 산소를 부레에 잔뜩 넣어서 크게 부풀리면 몸이 위로 둥둥 떠올라요. 반대로 부레 속 산소를 빼면 아래로 가라앉지요.

 하지만 물렁뼈를 가진 물고기들(연골어류)에겐 부레가 없어요. 연골어류인 상어는 지방질이 아주 많은 간이 부레 역할을 해요. 그러나 부레처럼 성능이 뛰어나지 않아서 바닥으로 가라앉지 않으려면 늘 부지런히 헤엄쳐 다녀야 한답니다.

납자루

부레를 크게 부풀리면 물에 뜨고, 작게 하면 가라앉아요.

뜰 때

수평일 때

가라앉을 때

4. 물고기의 한살이

물고기는 조류나 파충류처럼 알을 낳아요. 다만 물속이기 때문에 물고기의 알은 얇은 막으로 둘러싸여 있고, 물에 쉽게 쓸려가지 않도록 바위나 물풀 따위에 잘 달라붙게 되어 있지요.

또 알에서 깨어난 새끼들은 다른 물고기들의 먹이가 되니까, 어미들은 엄청나게 많은 수의 알을 낳는답니다.

볼락

난생과 난태생

알을 낳아 자손을 퍼뜨리는 것을 '난생'이라고 해요. 하지만 모든 물고기가 다 알을 낳는 건 아니에요. 상어, 가오리, 망상어처럼 체내 수정을 하는 물고기들은 몸속에서 알을 까요. 그래서 어미 몸에서 바깥세상으로 나올 때는 새끼의 모습을 하고 있답니다. 이것을 '난태생'이라고 해요.

상어

상어의 체내 수정
수컷이 암컷의 지느러미를 물고, 두 개의 교미기로 암컷의 몸에 정액을 전달해요.

물고기의 짝짓기

가시고기가 짝짓기하는 모습을 한 번 볼까요? 짝을 찾을 때가 되면 수컷 가시고기의 몸은 알록달록 화려한 색깔로 변해요. 연어, 은어, 피라미 들도 이런 혼인색을 띠게 되지요.

가시고기

수컷이 아무리 많이 달려들어도 암컷은 자기 맘에 쏙 드는 짝을 찾아요. 그런 다음 돌 틈이나 모랫바닥에 알을 낳으면 수컷이 그 위에 재빨리 정액을 뿌려요. 이렇게 해서 수정이 이루어지지요.

특이하게도 수컷 가시고기는 짝짓기하기 전에 물풀 따위로 둥지를 짓고, 암컷이 이곳에 알을 낳고 떠나면 새끼들이 깨어날 때까지 꼼짝 않고 지킨답니다.

우리는 체외 수정을 해.

알 보호하기 대작전

납자루

물고기들이 알을 낳고 보호하는 방법은 참으로 가지가지예요. 민물에 사는 납자루는 조개 속에 알을 낳아요. 덕분에 납자루의 알은 단단한 조개껍데기 속에서 안전하게 자라지요. 그 대신 납자루는 조개의 새끼들을 자기 지느러미에 붙이고 멀리 옮겨 줘요.

물풀에 꼬리를 돌돌 감고 사는 해마는 암컷이 수컷의 배 주머니에 알을 잔뜩 낳아요. 그러면 수컷이 품어서 부화시키지요.

해마

줄도화돔

폐어

줄도화돔은 1만 개가 넘는 알을 자기 입속에 넣어서 지켜요.

버들붕어나 폐어 등은 가시고기처럼 둥지를 짓고 그 안에 알을 낳으며, 베도라치는 온몸을 둥그스름하게 말아서 알을 감싸듯 보호해요.

하지만 대부분의 물고기들은 물속에 알을 낳은 뒤 그냥 이리저리 떠다니도록 내버려 둔답니다.

베도라치

어른으로 자라는 물고기

알에서 깨어난 물고기는 손톱만큼 작은 데다 투명해서 속이 훤히 보일 정도예요. 이런 새끼 물고기들은 플랑크톤처럼 대부분 다른 물고기의 먹잇감이 되고, 살아남아서 어른으로 성장하는 건 아주 적답니다.

꽁치는 약 300개, 연어는 약 3,000개의 알을 낳으며, 방어나 고등어는 약 150만 개의 알을 낳지요. 덩치가 크고 재미있게 생긴 개복치는 무려 3억 개나 되는 알을 낳지만, 그 중 살아남아서 어른으로 자라는 건 겨우 2~3마리뿐이랍니다.

개복치

물고기의 수명

은어는 보통 1년, 정어리는 2~3년, 고등어·연어는 5~6년, 대구·방어는 10년 이상, 가오리·금붕어는 20~30년, 잉어·장어는 40~50년을 산대요. 하지만 자기 수명보다 오래 사는 것도 얼마든지 있고, 잉어 중에는 100년 넘게 사는 것도 있답니다.

물고기들은 사는 동안 제 모습을 완전히 바꾸기도 하고, 아주 먼 거리를 여행하기도 하며, 다른 생물과 서로 돕기도 하고, 쫓고 쫓기며 치열한 싸움을 벌이기도 해요.

5. 변신하는 물고기

물고기들은 자기가 사는 환경에 알맞은 빛깔을 지니고 있어요. 화려한 산호 주변에 사는 물고기들은 알록달록 화려한 색깔을 띠고, 모랫바닥이나 바위가 많은 곳에 사는 물고기들은 그 주변의 색깔을 닮았지요.

그런가 하면 고등어나 정어리처럼 늘 물 위쪽에 사는 물고기들은 등이 푸르고 배는 흰색을 띠어요. 그래야 바다 위를 날아다니는 새들에게도, 물속 깊은 곳을 어슬렁거리는 큰 물고기들에게도 잘 보이지 않을 테니까요.

고등어

무늬가 바뀌는 물고기

도미 종류 중에는 점점 자라면서 색깔과 무늬를 바꾸는 것들이 여럿 있답니다. 돌돔은 새끼 때에는 일곱 개의 까만 줄무늬를 갖고 있는데, 수컷은 나이를 먹을수록 점점 무늬가 사라져 몸 전체가 회색으로 변해요.

나비어름돔이나 아시아어름돔은 새끼 때에는 얼룩덜룩 큰 무늬가 있지만, 어른이 되면 작은 점이 콕콕 찍힌 모양으로 바뀌어요.

도미의 친척뻘인 벤자리는 새끼 때 굵은 줄무늬를 갖고 있지만, 어른이 되면 은색 바탕에 작은 갈색 무늬가 있는 모양으로 바뀐답니다.

물고기의 수컷과 암컷

대부분의 물고기들은 수컷과 암컷의 모양이 똑같거나 비슷해서 구분하기 어려워요. 하지만 초롱아귀의 암컷은 수컷보다 수십 배나 커서, 둘이 함께 있으면 수컷은 꼭 멸치처럼 보인답니다.

초롱아귀

또 놀래기의 암컷과 수컷도 한눈에 척 알 수 있어요. 수컷은 몸 전체에 붉은색을 띠고, 암컷은 녹갈색을 띠거든요. 놀래기는 보통 수컷 한 마리가 암컷 서너 마리와 짝을 짓는데, 만약 수컷이 죽으면 암컷 중에 제일 큰 녀석이 수컷으로 바뀐답니다.

놀래기

이와 반대로 감성돔이나 흰동가리는 모두 수컷으로 태어났다가 번식기가 되면 대부분 암컷으로 변해요.

감성돔

흰동가리

모양이 바뀌는 물고기

그런가 하면 아예 모양이 완전히 뒤바뀌는 물고기도 있어요. 뱀장어는 넓은 바다 한가운데에서 갓 깨어났을 때는 꼭 댓잎 모양의 벌레 같답니다. 물결을 따라 이리저리 여행하다 육지에 있는 강으로 오를 무렵이면 지렁이처럼 가느다란 실뱀장어가 돼요. 사람들은 이 실뱀장어를 잡아 키워서 식용으로 쓰지만, 붙잡히지 않은 뱀장어는 호수나 강에서 5~12년 동안 살면서 커다란 뱀장어로 자랍니다.

넙치는 어렸을 때는 다른 물고기들처럼 눈이 양쪽에 제대로 붙어 있어요. 하지만 어른이 되면서 점점 몸이 납작해지고 눈은 왼쪽으로 몰린답니다. 반면 가자미는 어른이 되면서 눈이 오른쪽으로 옮겨 가요.

가자미

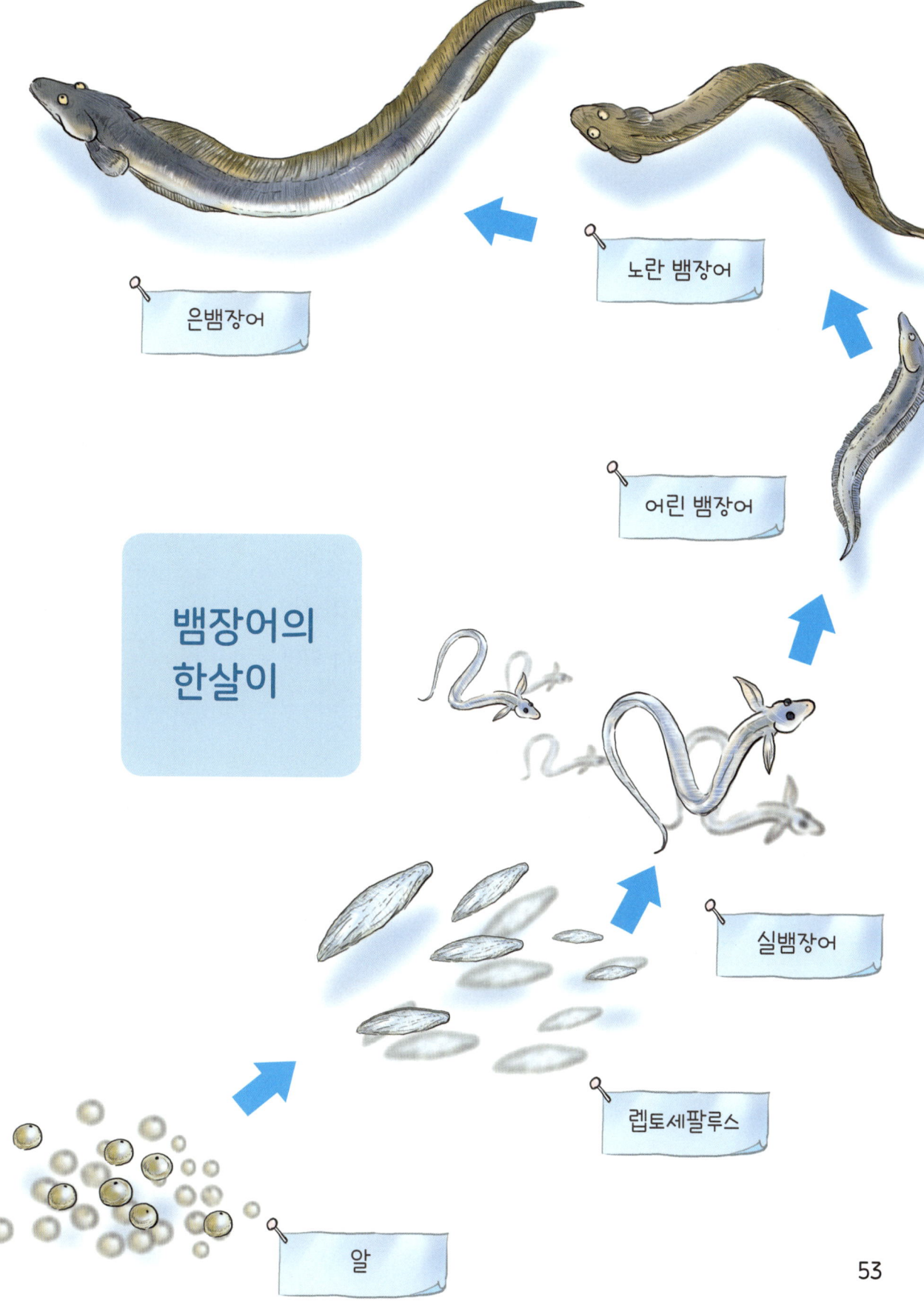

모양이 바뀌는 게

게는 어류가 아닌 갑각류에 속해요. 알에서 깨어난 새끼는 꼭 새우나 벼룩처럼 생겼는데, 이것이 가재처럼 모양이 바뀌다가 어른이 되어서야 제 모습을 갖춘답니다.

6. 세상을 누비는 물고기

    물고기들은 저마다 사는 곳이 달라요. 어떤 물고기는 바닷물에 살고, 어떤 물고기는 민물에 살지요. 또 물속에서도 어떤 물고기는 모랫바닥을 좋아하고, 어떤 물고기는 바위나 자갈을 좋아하고, 어떤 물고기는 물풀이나 산호를 좋아해요.

    그뿐만 아니라 물이 따뜻한 곳, 차가운 곳, 깊은 곳, 얕은 곳, 심지어 아주 깜깜해서 아무것도 안 보이는 곳을 좋아하는 물고기도 있어요. 그런 곳에서 자기가 좋아하는 먹이를 잡아먹으며 저마다 가진 습성과 개성대로 힘차게 살아가지요.

바닷물고기와 민물고기

바닷물은 짠맛을 내는데 이건 염분, 즉 소금기 때문이에요. 전 세계 바닷물에는 평균 3.5%의 염분이 녹아 있답니다. 그와 달리 육지의 민물에는 염분이 없거나 아주 적어요. 이렇게 환경이 다르다 보니 바닷물고기의 체액은 민물고기보다 염분이 약간 높지요.

만약 바닷물에 사는 물고기를 민물에 풀어 두면 얼마 안 가 죽고 말 거예요. 몸 바깥쪽 물의 염분이 체액의 염분보다 너무 낮아서, 몸 밖의 물이 몸 안으로 스며들거든요.

또 민물고기 역시 바닷물에 풀어 두면 금세 죽게 돼요. 체액의 염분이 몸 바깥쪽 물의 염분보다 너무 낮아서, 몸 안의 수분이 쪽쪽 빠져나가거든요.

평소에 바닷물고기는 아가미에서 일단 소금기를 조금 걸러내어 마시고 염분이 짙은 오줌을 조금씩 눠요. 그와 반대로 민물고기는 묽은 오줌을 많이 누면서 산답니다.

삼투 조절 능력

물에 소금이나 설탕 따위가 섞여 있는 정도를 '농도'라고 해요. 서로 다른 농도를 지닌 액체를 동물의 세포막 등으로 막아 놓으면, 농도가 낮은 쪽에서 높은 쪽으로 액체가 빨려드는 현상이 일어나요. 이걸 바로 '삼투 현상'이라고 해요.

물고기는 몸 밖의 물과 체액의 염분 농도를 어느 정도 조절하는 능력을 갖추고 있답니다.

민물고기
몸 안으로 물이 들어온다.
염분 묽은 오줌

바닷물고기
몸 밖으로 물이 빠져나간다.
소금기 걸러내기
염분 짙은 오줌

바닷물과 민물을 왔다 갔다 해요

하지만 바닷물과 민물을 가리지 않고 왔다 갔다 하는 물고기들도 있어요. 연어는 강바닥에 알을 낳고, 알에서 깨어난 뒤 2~3개월 자라다가 강어귀로 내려가요. 강어귀는 바닷물과 민물이 만나고 섞이는데, 바로 이곳에서 짠 바닷물에 적응하는 훈련을 해요.

연어

　그런 다음 먼바다로 나아가서는 태평양을 빙빙 돌며 수천 킬로미터나 여행하고 3~5년 만에 다시 강어귀로 돌아와요.

　이곳에서 또다시 민물에 적응할 훈련을 마치고는, 온 힘을 다해 강을 거슬러 올라 처음 태어났던 곳으로 가서 알을 낳고 일생을 마친답니다.

회유성과 회귀성

회유성 물고기 : 주기적으로 큰 무리를 지어 이동하면서 살아가요. 멸치, 꽁치, 방어, 정어리 등.

회귀성 물고기 : 회유성 물고기 중에서도 특히, 자기가 태어났던 곳으로 다시 돌아와 알을 낳는 물고기들이에요. 대구, 명태, 연어 등.

우리나라의 민물고기

전 세계에는 약 5,000종의 민물고기가 있고 우리나라의 하천, 호수, 늪 등에는 200종이 넘는 민물고기가 살고 있어요. 그중 대표적인 것으로는 붕어, 잉어, 미꾸라지, 은어, 피라미 등을 들 수 있지요. 그리고 금강모치, 갈겨니, 납자루, 쉬리, 얼룩동사리 등 저마다 멋지고 이름도 재미있고 독특한 개성을 가진 물고기도 있답니다.

하천은 상류로 올라갈수록 물이 차갑고 맑아요. 또 하류로 내려갈수록 물의 온도가 높아지고 탁하지요. 민물고기들은 이런 환경에 알맞게 적응하며 살아가고 있어요.

민물고기가 사는 곳

송어

계곡이나 상류(1급수)

금강모치, 버들개, 송어, 산천어, 어름치, 버들치 등

꺽지

상류나 중류(2급수)

쉬리, 배가사리, 갈겨니, 꺽지, 피라미, 모래무지, 은어 등

납자루

잉어

중류나 하류(3급수)

붕어, 잉어, 메기, 미꾸라지, 납자루, 동자개 등

메기

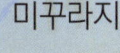
미꾸라지

7. 물고기들의 생존 전략

물고기는 울타리 하나 없이 확 트인 물속에서 하루 24시간, 1년 365일, 평생을 살아가요. 또 우리나라 앞바다에서 일본 앞바다로 갈 때 무슨 표를 사거나 허락을 받아야 하는 것도 아니에요.

이렇게 자유롭게 사는 게 더없이 좋긴 하지만, 작은 물고기는 늘 큰 물고기의 표적이 돼요. 잠깐 방심하는 사이 천적에게 붙잡혀 먹이가 되지요. 대개 육식하는 큰 물고기들은 날카로운 이빨을 갖고 있어서, 한번 먹이를 물었다 하면 절대로 놓치는 법이 없답니다.

멸치

연어

무리를 지어 살아요

그래서 작은 물고기들은 크게 무리를 지어서 다니는 경우가 많아요. 멸치도 그렇고 정어리도 그렇지요. 수천, 수만, 수억 마리씩 떼 지어 다니면 큰 물고기가 선뜻 달려들지 못해요. 무리 전체를 보고 자기보다 큰 물고기가 나타난 줄 알고 슬금슬금 피하기도 하지요.

무리를 지어 살면 좋은 점이 한두 가지가 아니에요. 먹이를 찾아서, 혹은 알 낳기 좋은 곳을 찾아서 아주 먼 여행을 해야 하는 경우에는 여럿이 떼로 몰려가야 자리다툼에도 유리하지요. 물론 무리 중에서 쉽게 자기 짝을 찾을 수도 있고요. 그래서 나비고기나 자리돔 같은 물고기들은 같은 종류가 아닌데도 덩치가 비슷하다는 이유로 함께 어울리기도 한답니다.

고등어

도움을 주고받아요

　무리 짓지 않고 따로따로 사는 물고기 중에는 다른 생물과 서로 도움을 주고받는 경우도 있어요. 흰동가리와 말미잘이 아주 대표적인 예이지요.

　흰동가리는 물풀처럼 흐느적거리는 말미잘의 촉수를 보금자리로 삼기 때문에 큰 물고기들의 공격을 피할 수 있어요. 말미잘의 촉수에는 독이 있거든요.

　그 대신 흰동가리는 말미잘의 먹이가 되는 작은 물고기를 끌어모으고, 말미잘을 야금야금 갉아 먹는 물고기들을 내쫓아 준답니다. 이처럼 서로 도움을 주는 관계를 '공생'이라고 해요.

흰동가리와 말미잘

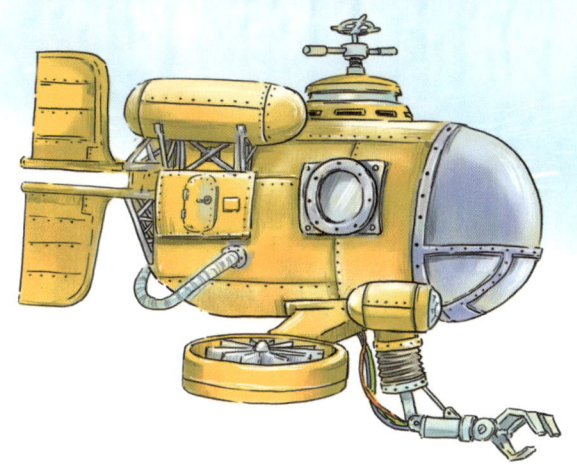

곰치와 기생새우

상어와 빨판상어

여러 가지 공생과 기생

집게와 말미잘 : 집게는 말미잘의 보호를 받는 대신, 말미잘을 등에 업고 먹이 있는 곳으로 움직여요.

숨이고기와 해삼 : 숨이고기는 해삼의 창자 속에서 해삼이 삼킨 것을 먹고 살아요.

상어와 빨판상어 : 빨판상어는 상어의 몸에 달라붙어 보호받고, 찌꺼기나 배설물을 먹어요.

곰치와 기생새우 : 기생새우는 곰치의 몸에 붙은 기생충을 잡아먹어요.

집게와 말미잘

숨이고기와 해삼

스스로 몸을 지켜요

가자미

주로 모랫바닥에 누워 사는 넙치나 가자미는 주변 색깔과 몸 빛깔이 똑같아서 분간하기 어려워요. 밝은 모랫바닥에 있다가 바위 위로 가거나 해초 사이로 가서 누우면, 또 그 주변의 색깔과 무늬랑 똑같이 변신하지요. 이런 보호색으로 넙치와 가자미는 천적의 눈을 피하기도 하고, 근처를 지나가는 작은 물고기를 덥석 잡아먹기도 해요.

물고기는 아니지만 오징어와 문어도 감쪽같이 둔갑하는 데는 최고의 선수들이에요. 특히 문어는 색깔과 무늬뿐 아니라 모양까지도 해초처럼 매끈하거나 바위처럼 울퉁불퉁하게 바꾼답니다. 또 적에게서 달아날 때는 까만 먹물을 뿌려서 잠깐 앞을 못 보게 하기도 하고요.

문어

나비고기

나비고기

나비고기는 등지느러미 쪽에 꼭 눈처럼 보이는 커다란 점무늬가 있어요. 이 때문에 큰 물고기가 봤을 때는 꽁무니 쪽이 꼭 머리 같죠. 이렇게 가짜 눈으로 적을 속여서 몸을 지키는 물고기들로는 나비돔, 세동가리돔, 청줄돔 등이 있답니다.

숨는 게 최고야

특별한 재주가 없는 작은 물고기들은 그저 숨는 게 최고이지요. 몸이 길쭉하고 매끈한 베도라치는 바위틈이든 조개껍데기든 버려진 깡통이든, 구멍만 있으면 쏙쏙 들어가 숨는 버릇이 있어요. 뱀장어도 그렇고요.

뱀장어

베도라치

실고기 종류도 모랫바닥 속에 숨어 있다가 종종 거꾸로 서서 물결에 흔들리는데, 이때에는 꼭 해초처럼 보여서 적의 눈을 감쪽같이 피한답니다.

또 집게는 자기 몸에 딱 맞는 빈 고둥 껍데기를 찾아서 몸을 숨기고 살며, 문어는 몸을 꾸물꾸물 구겨서 바위틈에 잘 숨는답니다.

문어

집게

8. 물고기들의 아주 특별한 무기

하지만 서로 먹고 먹히는 생존 경쟁에서 살아남기 위해서는 특별한 무기 하나쯤 갖춰 둘 필요가 있겠지요. 움직임이 느린 데다 다른 친구의 도움을 받기도 어렵고 잘 숨지도 못하는 동물들에게는 또 그들만의 숨겨진 무기가 있답니다.

가시복

독을 품은 물고기

복어는 화가 나거나 깜짝 놀라면 풍선처럼 몸을 '퐁!' 부풀리는데, 큰 물고기가 그걸 귀엽다고 얕봤다가 덥석 물면 큰일 나요. 복어의 겉껍질과 간 등에는 아주 강한 독성분이 있거든요.

검복·황복·청복·꺼끌복·졸복·흰줄복 종류마다 다르긴 하지만, 보통 복어 한 마리가 품은 독은 30명이 넘는 사람의 목숨을 앗아갈 수 있을 만큼 독성이 강하답니다.

다만, 고슴도치처럼 온몸이 가시투성이인 가시복은 독을 품고 있지 않아요.

쏨뱅이

쑤기미

쏠종개

쏠배감펭이나 쑤기미, 쏨뱅이, 쏠종개 같은 물고기들도 삐죽삐죽한 지느러미에서 독을 뿜어요. 특히 노랑가오리 꼬리에 톡 튀어나온 독가시는 한번 박히면 쉽게 빠지지 않게 되어 있답니다.

쏠배감펭

복어

노랑가오리

찌릿찌릿 전기를 내는 물고기

그런가 하면 몸속에 전기를 내는 기관이 있어서, 찌릿찌릿한 전기로 자기 몸을 보호하거나 먹이를 기절시키는 동물들도 있어요.

전기가오리는 가슴지느러미 부분에서 30볼트(V)의 전기를 내고, 전기메기는 온몸의 피부와 근육 사이에서 400볼트나 되는 전기를 내요.

전기메기

전기가오리

전기뱀장어

또 전기뱀장어는 꼬리의 근육에서 무려 800볼트나 되는 전기를 낸답니다. 이쯤 되면 사람을 기절시킬 정도이지요.

실제로 전기해파리 등에 쏘여 사람이 죽는 경우가 종종 있답니다.

반짝반짝 빛을 내는 물고기

전기 없이도 제 몸에서 스스로 빛을 내는 물고기가 있어요. 가시줄상어, 발광비늘치, 철갑둥어, 주둥치 등은 몸의 일부에서 빛을 내거나, 혹은 몸 전체가 야광처럼 은은하게 빛나지요.

가시줄상어

이렇게 빛을 내는 물고기들은 대개 수심 200미터 이상의 깊은 바다에 사는 심해어들이에요.

심해어들은 대개 눈이 퇴화하여 앞을 보지 못하지만, 그 대신 코와 옆줄의 감각이 잘 발달하여 있답니다. 이들은 밝은 빛으로 다른 물고기를 유인하여 잡아먹거나 자기 짝을 찾아요.

발광비늘치

대주둥치

철갑둥어

심해어

수심 200미터 이상의 깊은 바다에 사는 물고기들이에요. 특히 아주 깊은 바닷속은 수온이 낮고 압력이 매우 높아서 특별한 모습으로 진화한 물고기들이 많아요.

샛비늘치

앨퉁이

초롱아귀

귀신고기

꿀꺽장어

9. 나도 물고기야

지금까지 많은 물고기를 만나 봤어요. 하지만 미지의 세계인 바닷속에는 아직도 신비하고 놀라운 물고기들이 수두룩하답니다. 얼마 전에는 멕시코에서 외눈박이 상어가 발견되고, 베트남에서 뱀 머리에 돼지 혀를 가진 물고기가 발견되었다는데, 나중에는 또 어떤 희한한 물고기가 우리를 놀라게 할까요?

이상하게 생긴 몸

쥐가오리

귀상어

톱상어

쥐가오리는 이불처럼 넓적하고 편편한 몸매를 가졌어요. 몸길이 5미터에 너비는 8미터에 이르지요.

쥐가오리와 같이 연골어류에 속하는 상어 중에도 이상한 몸을 가진 종류가 여럿 있어요.

귀상어의 머리는 꼭 망치를 닮았는데, 툭 튀어나온 양쪽에 눈이 달려 있지요.

또 톱상어의 머리에는 진짜 톱과 똑같이 생긴 구조물이 길게 나와 있어요.

'바다의 말'이란 뜻을 가진 해마는 물고기가 아니라 꼭 나무를 깎아 만든 말 인형처럼 생겼어요.
하지만 틀림없이 갑옷 같은 비늘과 아가미, 척추를 지닌 실고깃과의 물고기랍니다.

해마

또 해마의 친척뻘 되는 나뭇잎해룡은 주변의 해초와 비슷해서 여간해선 분간할 수 없답니다.

나뭇잎해룡

걷고 날고 달라붙는 물고기

성대

성대는 가슴지느러미 일부가 세 가닥으로 갈라져 있는데, 이것을 다리처럼 움직여서 바닥을 천천히 걸어 다니곤 해요.

빨간씬벵이

헤엄치는 데 서툰 빨간씬벵이도 꼭 발처럼 생긴 지느러미를 움직여 걷고요.

눈이 툭 튀어나온 말뚝망둑어도 가슴지느러미를 이용하여 갯벌에서 팔딱팔딱 걷는데, 배지느러미는 꼭 빨판처럼 되어 있어서 바위에 딱 달라붙을 수도 있어요.

말뚝망둑어

달라붙는 데는 역시 빨판상어나 칠성장어가 최고 기술자들이에요. 칠성장어는 몸 옆에 일곱 개의 아가미구멍이 나 있어서 그런 이름이 붙었는데, 입이 아예 빨판처럼 변해 버렸답니다.

칠성장어

오징어

연체동물인 오징어나 문어는 축축 늘어진 팔과 다리에 빨판이 줄지어 붙어 있고요.

한편 날치는 가슴지느러미가 새의 날개 같아서, 다랑어나 만새기 등에 쫓길 때 수면 위로 훌쩍 뛰어올라 몇백 미터를 파닥파닥 날아가기도 한답니다.

문어

날치

낚시하는 물고기

모랫바닥을 좋아하는 빨간씬벵이는 낚싯대처럼 길쭉하게 변한 등지느러미에 작은 미끼를 항상 달고 다녀요. 그래서 다른 물고기가 그걸 먹으려고 가까이 다가오면 재빨리 입을 크게 벌려 꿀꺽 삼키지요.

빨간씬벵이

어두운 곳을 좋아하는 초롱아귀는 길게 뻗은 등지느러미 끝에서 초롱초롱 빛을 내어 작은 물고기를 유혹한 다음 잡아먹어요.

초롱아귀

물총 쏘는 물고기

물총고기

물총고기는 커다란 눈으로 물 바깥을 호시탐탐 노려요. 그러다 적당한 먹이가 나타나면 물총을 쏘아서 떨어뜨린 다음 꿀꺽 삼켜요. 입안에 물을 잔뜩 머금었다가 혀를 이용해서 쭉 뿜는 거예요. 물총을 쏘아 맞히기 어렵다고 생각될 때는 그냥 물 위로 풀쩍 뛰어올라 잡아먹기도 하고요.

10. 식탁 위의 물고기

물고기들은 물속에서 자기들끼리 먹고 먹히지만, 우리는 또 그 물고기들을 먹고 살아요. 손가락만 한 멸치부터 커다란 참치까지, 심지어 세상에서 제일 큰 물고기인 고래상어까지도요.

아마도 사람이 먹을 수 없는 물고기는 거의 없을 거예요. 험상궂은 아귀는 물론 상어의 지느러미, 날치의 알, 맹독을 가진 복어도 훌륭한 요리가 되어 우리 식탁에 오르곤 하니까요.

밥상 위의 물고기

물고기들에게는 아주 미안한 얘기지만, 영양학적으로 볼 때 물고기는 단백질, 지방, 칼슘, 비타민 등이 풍부한 음식이에요.

단백질은 우리 몸의 성장이나 여러 신체 기관에 아주 좋은 작용을 하는데, 소고기나 돼지고기보다 생선에서 얻는 단백질이 몸에 더 좋답니다.

또 물고기의 지방에 많이 포함되어 있는 EPA, DHA(오메가-3 지방산의 일종) 등은 두뇌 발달과 혈액 순환, 암 예방 등에도 좋아요. 특히 DHA는 고등어, 참치 같은 등 푸른 생선에 많이 함유되어 있어요.

우리나라 사람들이 즐겨 먹는 생선

고등어, 갈치, 조기 등은 우리나라 사람들이 흔히 즐겨 먹는 생선이에요. 구워 먹고, 끓여 먹고, 졸여 먹고, 지져 먹고, 또 날것으로 먹거나 말려서, 혹은 짭짤하게 젓갈로 담가서 먹기도 해요. 하지만 뭐니 뭐니 해도 빼놓을 수 없는 생선이 있어요.

바로 명태이지요!

예로부터 어찌나 흔하고 또 널리 즐겨 먹었는지 명태는 이름도 그만큼 다양하답니다. 갓 잡아 살아 있는 것을 생태, 그중에도 봄에 잡은 것은 춘태, 가을에 잡은 것은 추태, 꽁꽁 얼린 것은 동태라고 하지요.

또 바짝 말린 것을 북어, 찬 바람에 두 달 정도 말려 노릇노릇해진 것을 황태, 코를 꿰어 꾸덕꾸덕 말린 것을 코다리, 바짝 말린 새끼명태를 노가리라고 한답니다.

대구

참치

멸치

계절별로 즐기는 제철 생선

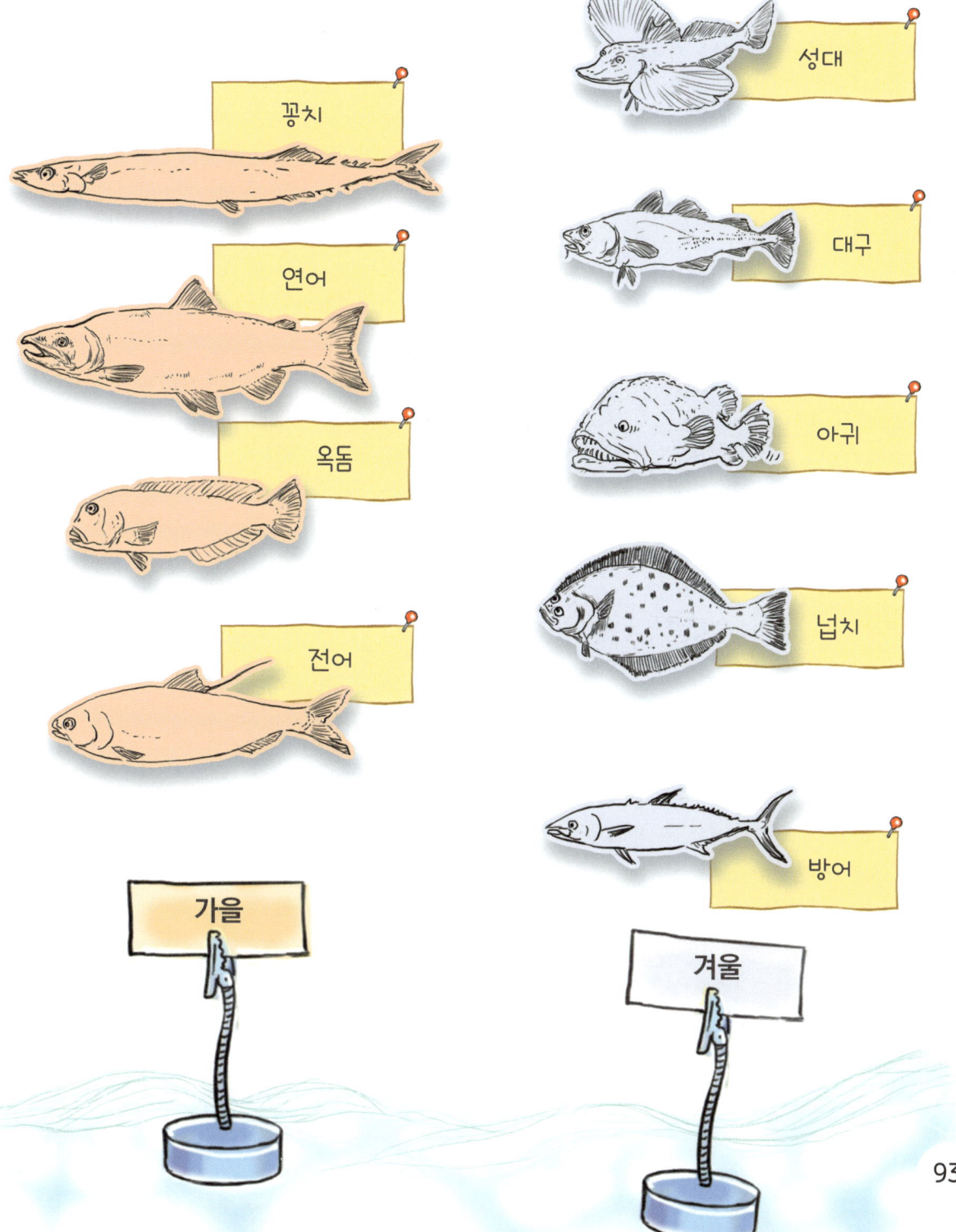

붉은 살 생선과 흰 살 생선

생선을 이용한 음식을 보면 어떤 것은 붉은색을 띠고 어떤 것은 흰색을 띠지요. 붉은 살을 가진 물고기는 대개 바다 표면과 가까운 곳에 살고, 움직임이 많아요. 고등어나 정어리, 참치, 꽁치 등이 그렇지요.

도미
명태
복어
대구
가자미

또 흰 살을 가진 물고기는 대개 바다 깊은 곳에 살고, 움직임이 좀 덜해요. 대구, 명태, 복어, 병어, 갈치, 도미, 가자미 등이 그래요. 붉은 살 생선은 맛이 진하고 비릿한 냄새가 나는 편이며, 흰 살 생선은 지방이 적어서 담백하고 소화가 잘된답니다.

내장과 알, 그리고 지느러미

물고기의 내장과 알, 지느러미 등도 따로 훌륭한 음식이 돼요. 대구나 명태의 내장은 탕의 재료가 되고, 갈치 내장은 젓갈로 담가 갈치속젓이라는 이름으로 인기가 높아요.

날치 알, 연어 알 등은 초밥에 얹어 먹는 음식이 되고, 철갑상어의 알을 소금에 절인 캐비아는 세계의 진미로 꼽히지요.

그런가 하면 상어의 지느러미는 샥스핀이라는 고급 요리의 재료가 되는데, 이 때문에 해마다 수많은 상어가 지느러미만 싹둑싹둑 잘린 채 바다에 내버려진답니다.

여러 가지 가공 제품들

물고기는 과자와 어묵, 통조림 등 가공식품의 재료가 되기도 해요. 이처럼 갖가지 음식에 다양하게 쓰이는 한편, 물고기에서 나오는 기름은 비누나 화장품의 원료가 됩니다.

민어의 부레는 예전에 훌륭한 접착제로 쓰였으며 상어의 뼈와 가죽 등은 지금도 가방, 지갑, 허리띠, 그리고 여러 가지 장식품의 재료가 된답니다.

11. 물고기를 잡아요

아프리카의 콩고강 근처에서 발견된 물고기 사냥 도구를 보면 인류는 적어도 10만 년 전부터 물고기를 잡아먹으며 살아왔어요.

고대 이집트에서도 나일강에서 잡히는 물고기를 주요 식량 자원으로 삼아 문명을 발전시킬 수 있었어요.

우리나라에서도 선사 시대의 유적에서 여러 가지 물고기 뼈와 낚싯바늘 등이 발견되고 있어요. 유명한 반구대 암각화(국보 제285호)만 봐도 까마득히 먼 옛날부터 갖가지 물고기는 물론 고래까지도 사냥한 것을 알 수 있지요.

옛날의 어업

원시 시대의 사람들은 맨손으로 물고기를 잡았어요. 하지만 맨손으로는 깊은 곳에 있거나 빠르게 움직이는 물고기는 잡을 수 없었지요. 그래서 작대기에 뾰족한 돌을 단 창으로 물고기를 잡았어요.

이것이 조금씩 발전하여 나중에는 작살을 사용하게 되었고, 좀 더 깊은 곳의 물고기를 잡기 위해 줄에 바늘을 단 낚싯대를 이용했어요.

석기 시대나 청동기 시대의 유물에서는 작살, 낚싯바늘 말고도 돌로 만든 추도 발견되는데, 이걸 보면 그물을 만들어 썼다는 것도 알 수 있지요.

자연을 닮은 어업, 돌살과 죽방렴

바닷물이 들락날락하는 해변에서는 돌살을 이용하기도 했어요. 돌살은 바위를 척척 쌓아올려 담처럼 둥그스름하게 만든 것인데, 밀물과 함께 들어온 물고기들이 그 안에서 놀다가 썰물 때 미처 빠져나가지 못하면 바구니 따위로 퍼 담는 것이지요.

옛날 바닷가 마을에 이런 돌살 하나만 가지고 있으면 평생 먹고살 수 있을 만큼 수입이 쏠쏠했답니다.

이런 어업은 새끼들을 잡지 않고, 가까운 바다의 물고기만 잡아들이는 친환경적 어업이라 할 수 있지요.

또 가까운 바다의 물살이 빠른 길목에는 대나무로 만든 죽방렴을 설치하여, 이곳에 걸려드는 물고기를 퍼 담기도 했어요. 지금도 우리나라 남해안에서는 이런 방식으로 멸치를 잡는 곳이 있는데, 죽방렴 멸치는 멸치 중에 최고로 친답니다.

죽방렴

물고기 습관을 이용한 어업

물고기를 잡는 방법은 물고기 종류에 따라 아주 다양해요. 주로 물고기의 습성을 이용하는데, 만새기는 물 위에 둥둥 떠다니는 통나무 따위 밑에 숨는 걸 좋아해서 대나무를 엮어 던진 다음 그 아래 숨은 녀석들을 잡아요.

또 은어는 무리 지어 돌아다니다가 다른 무리의 은어가 들어오면 한꺼번에 공격하는 습성이 있어요. 그래서 은어를 잡을 때는 다른 곳의 은어를 가져다 미끼로 써요.

조금 먼 바다에서 잡아 올리는 오징어잡이 배나 새우잡이 배는 불빛을 환하게 밝히는데, 오징어와 새우가 불빛을 따라오는 습성이 있기 때문이랍니다.

오늘날의 어업

쌍끌이 어업

　어업 방식이 크게 발전한 오늘날에는 먼바다에서도 얼마든지 수많은 물고기를 잡아 올려요. 원하는 물고기의 위치를 인공위성이나 어군 탐지기로 정확하게 알아낸 다음 엄청나게 크고 튼튼한 그물을 이용해 한꺼번에 수십 톤, 수백 톤씩 잡아 올리기도 해요.

때로는 커다란 배 두 척이 1~2킬로미터나 되는 그물을 이용해 쌍끌이 방식으로 잡기도 하고, 울퉁불퉁한 곳에 걸리지 않도록 바퀴 달린 쓰레그물을 이용하여 바다 밑바닥의 물고기들까지 훑지요.

쓰레그물 어업

양식과 방류

물고기를 기르는 양식업도 오래된 어업 방법이에요. 중국에서는 이미 2500년 전 잉어를 길러서 먹었다는 기록이 있지요.

현재는 넙치, 방어, 도미 등 수많은 물고기들을 양식하는데, 첨단 컴퓨터를 이용한 자동화 시스템으로 이루어지기도 해요.

또 방류를 이용한 어업 방식도 있어요. 연어나 송어 등은 잡아 올린 암컷의 몸에서 알을 채취한 다음 부화시켜서 바다로 내보냈다가, 몇 년 뒤 돌아온 어른 물고기를 잡아요.

12. 사라지는 물고기

　오늘날 세계 인구는 80억 명이 넘고, 2035년이면 90억 명에 이를 것이라고 해요. 이처럼 인구가 자꾸 늘어남에 따라 어부들은 갈수록 더 많은 물고기를 잡아야 해요.

　실제로 지금까지 인류가 잡아 올린 물고기는 10년마다 두 배씩 늘었다고 해요. 하지만 우리가 언제까지나 이렇게 싱싱하고 맛 좋은 물고기를 맛볼 수 있는 걸까요?

지나치게 많이 잡아요

　현재 해마다 전 세계에서 잡아 올리는 수산물은 약 1억 8,000만 톤 가까이 된답니다. 그중 우리나라가 차지하는 양은 360만 톤 정도(2022년 기준)예요. 이러다 바닷속 물고기들이 모두 사라질까 봐 걱정이에요.

　밑바닥까지 훑는 쓰레그물을 이용한 어업은 원하지 않은 물고기, 먹기에는 너무 작은 물고기들까지 잡아요. 이러한 남획이 물고기들의 씨를 말리는 첫 번째 원인이 된답니다.

물이 더러워요

물이 오염되는 것도 아주 심각한 문제예요. 우리가 집에서 쓰고 버린 물, 공장이나 가축 농가에서 나오는 폐수는 모두 강과 바다로 흘러가요. 그 속에 섞여 있는 갖가지 해로운 물질이 물고기들의 터전인 물을 오염시키지요.

탁한 공기나 유해가스가 사람에게 나쁜 영향을 끼치듯, 더러운 물은 물고기를 크게 위협해요. 다행히 물은 스스로 맑아지는 정화 능력이 있지만, 오염 정도가 너무 심하면 그 능력을 잃고 만답니다.

적조 현상으로 숨 막혀요

　종종 강이나 바다의 색깔이 온통 빨갛게 변하는 적조 현상은 물속의 양분이 너무 많아져서 생겨요. 양분을 먹고 자라는 플랑크톤이 지나치게 많아지면 물 위를 뒤덮어 햇빛이 물속으로 통과하지 못해요.
　그러면 물속 식물들이 죽고, 그 바람에 산소가 부족해져 물고기들도 숨을 쉴 수가 없지요. 물론 물고기들이 죽으면 썩고 악취가 나서 물은 더욱 오염되지요. 물속의 양분이 너무 많아지는 현상도 결국은 우리가 버린 오염 물질 때문이랍니다.

지구 온난화로 기후가 바뀌어요

지구의 기후가 전체적으로 따뜻해지는 것도 물고기에게는 위협적이랍니다. 지구 온난화가 일어나는 까닭은 눈에 보이지 않는 이산화탄소가 이불처럼 지구 전체를 둘러싸기 때문이에요.

지구가 따뜻해지면 바닷물 온도가 올라가고, 남극과 북극의 빙하가 녹고, 바닷물의 흐름도 바뀌어 물고기들의 생태에 큰 영향을 미쳐요. 우리나라에서 흔히 잡히던 명태가 이제 거의 잡히지 않는 것도, 차가운 물을 좋아하는 명태가 러시아 쪽으로 모두 올라갔기 때문이에요.

이산화탄소가 발생하는 건 자동차의 배기가스, 전기를 만드는 발전소, 우리가 버린 쓰레기나 공장 굴뚝의 연기 탓이에요. 그러니 결국 지구 온난화도 사람이 만든 것이지요.

미래의 위협, 유전자 조작

생명 공학이 발달하면서 유전자를 조작하거나 재조합하는 기술도 물고기들에겐 심각한 위협이 될 수 있어요.

유전자를 조작하거나 재조합하여 만든 식품을 GM 식품이라고 하는데, 이미 콩이나 옥수수 등은 우리 식탁에 오르고 있고, GM 물고기도 한창 개발되고 있거든요.

예를 들면 유전자를 조작하여 뚱뚱하게 만든 미꾸라지, 보통의 연어보다 35배나 빠르게 성장하는 연어 등이 있어요.

GM 식품은 점점 더 부족해지는 인류의 식량 문제를 해결하는 데 도움이 될 수도 있어요.

하지만 사람 몸에 해롭지 않을까 의심스러운 게 사실이에요. 또 무엇보다도 유전자가 변형된 물고기가 양식장을 벗어나 번식한다면 생태계에 어떤 재앙이 닥칠지 아무도 장담할 수 없답니다.

13. 물고기야, 돌아와!

물고기들이 살기 좋은 환경을 위해서도, 또 우리가 물고기들로부터 필요한 영양분을 계속 얻기 위해서도 해야 할 일들이 있어요.

지속 가능한 어업을 위해

이미 멸종된 물고기들은 어쩔 수 없지만, 앞으로도 또 다른 물고기들이 사라지는 걸 막으려면 지나친 어획을 막아야 해요. 물고기들이 알을 낳는 시기에는 어업을 중단한다든지, 어린 물고기들은 다시 풀어 준다든지 하는 노력이 필요해요.

이미 1992년 브라질에서 열린 '환경과 개발에 관한 유엔회의' 등을 통하여, 환경을 건강하게 유지하면서 지속적인 개발을 해야 한다는 국제 원칙이 세워져 있어요. 또 나라별로 특정 물고기를 잡을 수 있는 양이 정해져 있기도 하고요.

　하지만 무엇보다도 중요한 건 어부와 원양 어업 회사들이 그런 원칙을 양심적으로 지키는 것이겠지요.

멸종 위기종과 천연기념물

희귀한 물고기, 혹은 멸종 위기에 처한 물고기들은 이미 국제적인 협약에 따라, 잡거나 거래하는 것을 제한하고 있어요. 또 어느 한 구역의 물고기들을 보호하기 위해 어장을 폐쇄하는 방법도 실행되고 있고요.

세계의 멸종 위기 물고기

고래상어, 톱상어, 나폴레옹 피쉬, 해마 등

나폴레옹 피쉬

우리나라의 멸종 위기 물고기

천연기념물 : 어름치, 황쏘가리, 미호종개, 꼬치동자개 등

멸종 위기 1급 : 감돌고기, 퉁사리, 모래주사, 여울마자 등

멸종 위기 2급 : 가시고기, 칠성장어, 열목어, 다묵장어 등

톱상어

해마

고래상어

현재 세계자연보전연맹에서는 1,000종이 넘는 바다 생물을 멸종 위기종으로 지정해 놓고 있으며, 우리가 즐겨 먹는 참치 종류도 백다랑어를 제외하고는 모두 멸종 위기종으로 분류하고 있어요.

또 우리나라의 민물고기 중에도 어름치, 황쏘가리 등은 천연기념물로 지정되어 함부로 잡지 못하게 하는 등 보호 조치가 이루어지고 있답니다.

물고기를 둘러싼 전쟁

현재 바다에 접한 나라들은 배타적 경제 수역(EEZ)을 정하여, 자기네 바다의 200해리(약 370km, 1해리 = 1.852km) 내에서는 다른 나라 고깃배들이 물고기를 잡는 것을 금지하고 있어요.

하지만 이런 경제 수역이 나라끼리 겹치는 부분이 있어 분쟁이 일어나기도 하고, 먼바다 한가운데에서 이루어지는 어업은 그야말로 먼저 가서 잡는 게 임자예요.

또 남극이나 북극 등 자원이 풍부하고 값비싼 물고기가 많이 잡히는 황금어장을 두고도 나라끼리 치열한 경쟁이 벌어지고요.

바다는 흔히 미래 식량 자원의 보물창고라 일컬어져요. 땅에서 나는 식량을 둘러싸고도 전쟁이 일어나는 마당에, 크릴 등 주목받는 자원이 풍부한 바다는 전 세계가 지혜를 모아 깨끗하게 지켜나가야 할 거예요.

크릴

우리가 모두 힘써야 할 환경 보호

그렇지 않아도 강과 바다는 사람들의 끊임없는 개발 때문에 몸살을 앓고 있어요. 또 세계 곳곳에서 툭하면 일어나는 기름 유출 사고는 물속의 생태계에도 큰 영향을 미쳐요.

얼마 전에는 일본 후쿠시마 원자력 발전소의 오염수 누출 사고로 어류의 수출입 문제가 시끄러웠는데, 이보다 큰 사고가 또 언제 일어날지 알 수 없는 일이에요. 이런 일이 일어나지 않도록 모두가 관심과 주의를 기울여야겠지요.

하지만 무엇보다도 중요한 건 우리 각자의 노력이에요. 강과 바다로 흘러가는 폐수의 약 70%는 바로 우리가 일상생활에서 쓰고 버리는 생활 하수가 차지하고 있거든요.

다시 돌아오는 물고기

강을 떠나 바다로 간 연어가 여행을 마친 뒤 다시 돌아올 확률은 겨우 1% 남짓이랍니다. 연어는 바로 자기가 태어난 고향의 물 냄새를 따라 안간힘을 다해 찾아오지요.

강을 거슬러 오르는 일이 너무나 힘들어 온몸이 너덜너덜해져도, 곧 알을 낳은 뒤에는 죽음을 맞으리란 걸 빤히 알면서도, 고향을 찾은 기쁨에 가슴은 쉴 새 없이 두근거리고요.

하지만 물이 오염되면, 그래서 고향의 물 냄새가 사라진다면, 연어가 가야 할 곳은 과연 어디일까요?

127

물고기를 위해 우리가 할 수 있는 환경 보호 실천

1. 에너지를 아껴요
전기를 만들 때는 물론 자동차를 이용할 때도 화석 연료를 사용하게 돼요.

2. 물자를 절약해요
공장에서 학용품, 장난감, 옷 등을 만들 때도 많은 양의 이산화탄소가 발생해요.

3. 폐수와 쓰레기를 줄여요

무심코 버린 우유 1컵을 정화하려면 1만 5천 컵의 물이 필요해요.

4. 나무를 심고 가꾸어요

맑은 물을 지키는 데에도 산소를 내뿜는 식물은 좋은 작용을 해요.

물고기 관련 상식 퀴즈

01 물고기가 숨 쉬는 데 필요한, 벌렁거리는 기관은 무엇일까요?
02 상어나 가오리는 뼈가 단단한 경골어류에 속해요. (○, ×)
03 식물플랑크톤은 .... 플랑크톤에게 잡아먹혀요.
04 보통 물고기들은 사람보다 더 넓은 영역을 볼 수 있어요. (○, ×)
05 대개의 물고기는 몸의 온도가 변하는 변온 동물이에요. (○, ×)
06 물고기 몸에 붙어 있는 작은 조각들을 .... 이라고 해요.
07 보통의 물고기들은 등지느러미 ....개, 뒷지느러미 ....개씩 갖고 있어요.
08 물고기들은 옆줄로 물의 흐름과 온도, 진동 등을 느껴요. (○, ×)
09 물고기 몸속에 있는 풍선 같은 것은 .... 라고 해요.
10 다 자란 아귀의 암컷과 수컷 중 더 큰 쪽은 .... 이에요.
11 연어는 민물에서 태어나 바다로 갔다가 어른이 되어 돌아와요. (○, ×)
12 붕어, 잉어, 미꾸라지, 피라미 등은 바닷물고기예요. (○, ×)
13 감성돔이나 흰동가리는 처음엔 모두 암컷으로 태어나요. (○, ×)
14 흰동가리와 말미잘은 서로 도움을 주는 .... 관계예요.
15 모양이 독특한 해마는 물고기가 아니라 갑각류에 속해요. (○, ×)
16 초롱아귀는 등지느러미 끝에서 빛을 내어 작은 물고기를 유인해 잡아먹어요. (○, ×)
17 고등어나 정어리처럼 붉은 살을 가진 물고기는 표면과 가까운 곳에 살고 움직임이 많아요. (○, ×)

18 샥스핀은 상어의 _____로 만드는 음식이에요.

19 반구대 암각화를 통해 선사 시대 우리나라에서도 물고기와 고래를 사냥했다는 걸 알 수 있어요. (○, ×)

20 돌살은 뾰족하게 갈아 만든 돌로 물고기를 찔러 잡는 거예요. (○, ×)

21 두 척의 배가 커다란 그물을 동시에 끌며 물고기를 잡는 방식을 _____ 어업이라고 해요.

22 물고기를 길러서 잡는 양식은 최근에야 시작되었어요. (○, ×)

23 적조 현상은 물속의 양분이 너무 많아져서 생겨요. (○, ×)

24 지구 온난화로 물이 따뜻해지면 모든 물고기가 더 살기 좋아져요. (○, ×)

25 명태는 예전에는 러시아에서 수입했지만, 지금은 우리나라에서 풍부하게 잡혀요. (○, ×)

정답
01 아가미 02 × 03 동물 04 ○ 05 ○ 06 비늘 07 2,1 08 ○ 09 부레
10 암컷 11 ○ 12 × 13 × 14 공생 15 × 16 ○ 17 ○ 18 지느러미
19 ○ 20 × 21 쌍끌이 22 × 23 ○ 24 × 25 ×

물고기 관련 단어 풀이

공생 : 생물이 서로 도움을 주며 사는 습성.
기생 : 한 생물이 다른 생물의 영양분을 빼앗으면서 살아가는 관계.
난생 : 알을 낳아서 자손을 퍼뜨리는 것.
난태생 : 알이 어미의 몸속에서 깨어나는 것.
DHA : 불포화 지방산의 한 종류로 우리 몸에서 만들어지지 않기 때문에 식품으로부터 섭취해야 할 필수 영양소.
렙토세팔루스 : 알에서 갓 깬, 버들잎 모양의 투명한 어린 물고기.
메갈로파 : 게의 발생 과정에서 나타나는 유생(변태하는 동물의 어린것)의 하나.
민물고기 : 강이나 호수처럼 염분이 없는 물에 사는 물고기.
배타적 경제 수역(EEZ) : 다른 국가의 고깃배가 어업을 할 수 없는 200해리 이내의 바다 구역.
보호색 : 다른 동물의 눈에 띄지 않기 위해 주변과 비슷하게 되어 있는 몸의 색깔.
비늘 : 물고기의 표피를 덮고 있는 얇고 단단하게 생긴 작은 조각.
삼투 현상 : 농도가 낮은 용액이 높은 쪽으로 이동하는 현상.
생산자 : 스스로 에너지를 만들어 성장하는, 생태계 안에서 다른 생물의 영양원이 되는 생물.
소비자 : 스스로 영양분을 만들지 못하여 다른 생물을 통하여 영양분을 얻는 생물.
쌍끌이 어업 : 두 척의 배가 동시에 그물을 끌고 가며 물고기를 잡는 어업 방식.

쓰레그물: 바다 밑바닥으로 끌고 다니면서 깊은 바닷속의 물고기를 잡는 그물.

아가미: 물고기에 발달한 호흡 기관.

양식: 일정한 시설에서 물고기를 기르는 어업 방식.

어군 탐지기: 초음파 등을 이용하여 물고기 떼가 있는 곳을 알아내는 기계 장치.

EPA: 에이코사펜타엔산. 고등어나 정어리 지방에 많이 포함된 불포화 지방산.

영해: 영토에 인접한 해역으로서 그 나라의 통치권이 미치는 바다. 보통 12해리(약 22km)를 범위로 함.

옆줄: 측선. 어류의 몸 양옆에 나 있는, 물살이나 수압 등을 느끼는 감각 기관.

원양 어업: 먼 바다로 나가 장기간에 걸쳐 이루어지는 어업.

저서생물: 바다, 늪, 하천 등의 밑바닥에서 사는 생물.

GM 물고기: 유전자를 변형하여 만든 어류.

체내 수정: 생물의 몸 안에서 수정(정자와 난자가 만남)이 이루어지는 것.

체외 수정: 생물의 몸 밖에서 수정이 이루어지는 것.

크릴: 새우와 비슷한 갑각류로 수염고래와 고등어, 연어, 대구 등의 먹이.

포유류: 새끼에게 젖을 먹여 키우는 동물.

해리: 바다 위나 공중에서 긴 거리를 나타낼 때 쓰는 거리의 단위.
　　　1해리 = 1.852km

회귀성: 태어난 곳으로 돌아가는 습성.

회유성: 주기적으로 큰 무리를 지어 이동하며 사는 습성.